AF314370

COLLECTION

P. J. HUYBRECHTS

D'ANVERS

Exemplaire de Barre

Mᵉ CHARLES OUDART. COMMISSAIRE-PRISEUR

M. ÉMILE BARRE, EXPERT

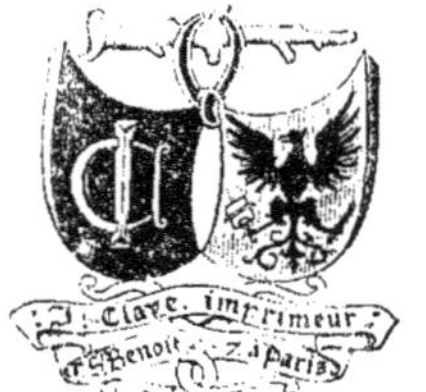

Clave, imprimeur
Benoit à Paris

CATALOGUE
DE TABLEAUX

ANCIENS

DE PREMIER ORDRE

DES

ÉCOLES FLAMANDE ET HOLLANDAISE

COMPOSANT LA COLLECTION DE

M. P. J. HUYBRECHTS

Dont la vente aura lieu

HOTEL DROUOT

SALLE N° 8

LE SAMEDI 4 AVRIL 1868

A TROIS HEURES PRÉCISES

Par le ministère de Mᵉ CHARLES OUDART, Commissaire-Priseur

26, BOULEVARD DES ITALIENS

Assisté de M. ÉMILE BARRE, Expert, 20, Chaussée-d'Antin

Chez lesquels se distribue le présent Catalogue.

EXPOSITIONS : PARTICULIÈRE, le Jeudi 2 Avril

PUBLIQUE, le Vendredi 3 Avril

DE 1 HEURE A 5 HEURES

ON TROUVE LE PRÉSENT CATALOGUE

Chez MM.

A Paris	Charles Oudart, commissaire-priseur, 26, boulevard des Italiens. Émile Barre, expert, 20, Chaussée d'Antin.
A Londres	Davis, 101, New-Bond street. Durlacher, 113, New-Bond street.
A Amsterdam	Boas-Berg, antiquaire, Warmoestraat. Gruyter.
A La Haye	Dirksen, 99, Hofspui. Van Gogh, marchand d'estampes.
A Rotterdam	Lamme, conservateur du Musée.
A Anvers	Verlinde, rue Copenhole. Hubert, directeur de ventes.
A Bruxelles	Slaes-Cocks, rue Neuve. Hollender, rue des Croisades.
A Berlin	Flocati, 21, Unter den Linden. Lepke, 12, Unter den Linden.
A Francfort	Goldschmidt.

CONDITIONS DE LA VENTE

Elle sera faite au comptant.

Les acquéreurs payeront cinq pour cent en sus des enchères applicables aux frais.

La collection que nous mettons sous les yeux des amateurs, avant de la livrer aux enchères, provient des ventes des galeries les plus importantes de Belgique & de Hollande. M. Huybrechts se décide à s'en séparer pour se livrer entièrement à la recherche des tableaux modernes. Un article de M. Henri Rochefort, publié l'année dernière sur la collection Huybrechts & que nous demandons la permission de reproduire en partie, sera, nous l'espérons, la meilleure introduction à notre catalogue :

« A Anvers, qui pourrait passer pour une ville espagnole comme certains tableaux flamands passent pour des Murillo, nous avons été reçus à galerie ouverte par M. Huybrechts, un amateur très-distingué et très-connu.

« Au milieu d'une collection considérable de tableaux

modernes qui n'auront jamais pour moi qu'une valeur rela- tive, j'ai découvert une trentaine de tableaux anciens d'un ordre exceptionnel et d'une qualité supérieure. Nous autres collectionneurs français qui, sur cent tableaux, en voyons à peine un passable, nous sommes tout surpris de rencontrer presque à chaque pas en Belgique et en Hollande des véritables merveilles de l'art flamand.

« *C'est chez M. Huybrechts que j'ai admiré un Site mon- tagneux de Ruysdaël, provenant de la célèbre collection Van Saceghem, qui a servi en grande partie à former la galerie de M. Patureau. Les figures sont d'Adrien Van de Velde. On comprend à la vue de ce Ruysdaël qu'on ait pu lui attribuer si longtemps les paysages d'Hobbema.*

« *Le Rembrandt de M. Huybrechts pourrait figurer à côté des œuvres les plus saisissantes que le Louvre possède du grand maître. C'est le* Portrait d'un vieux Savant *plongé dans la méditation; ses besicles sont posées sur un livre qu'il vient de fermer; sa barbe blanche et son bonnet de fourrure donnent un caractère étrange à cette grande figure qui tourne dans la lumière. Celui qui a vu une fois ce tableau ne peut l'oublier.*

« *M. Huybrechts nous a montré ensuite l'un des plus beaux Van der Neer qui soient au monde. C'est un effet de crépuscule matinal dont le ton gris et argentin est aussi rare* que séduisant. J'avoue pour ma part que je commençais à me fatiguer de ces éternels effets de nuit avec la lune dans le fond, un fleuve au milieu et sur le côté une maison avec un arbre. Le Matin de la collection dont dont nous parlons révèle chez Van der Neer, un des plus grands peintres de son temps, des qualités que bien des amateurs ne lui soupçonnent certes pas.

« Le Both d'Italie, qui est une des perles de la galerie, n'est pas d'une taille exagérée, mais on ne peut en rêver de plus chaud, de plus brillant et de plus fondu. C'est une route éclairée par le soleil levant, sur laquelle passe un paysan monté sur un âne. Les figures des tableaux de Both d'Italie étaient généralement peintes par son frère, nous croyons que dans ce tableau elles sont de la main même de Both le paysagiste.

« A côté du Both d'Italie et d'une ravissante petite entrée de forêt de Guillaume de Heuchs, son imitateur, il faut citer trois Téniers dont le plus important, les Singes au corps de garde, tableau connu, je ne sais pourquoi, sous le titre du Cardinal, soutiendrait comme esprit et comme finesse la comparaison avec ce que le peintre a laissé de plus complet.

« La Bonne aventure, du même, a les qualités d'un Velasquez ou d'un Salvator ; jamais l'artiste n'a mis plus de sauvagerie dans le paysage et d'énergie dans les figures.

« *Deux Wynants adorables, un Pierre Wouwermans, presque aussi fin et plus chaud que s'il était de Philippe, un Guillaume Van de Velde de sa meilleure époque, mais surtout un petit Jean Steen, la fête de la Madone, qui par l'intensité de la couleur et la merveilleuse distribution de la lumière rappellerait Pierre de Hoogh, si les personnages ne portaient dans leur joyeuse allure la signature de l'émule de Van Ostade, cinq ou six autres tableaux enfin, dont la nomenclature ne remplacerait malheureusement pas la vue, composent cette collection, où la quantité absente est suppléée par la qualité...*

HENRI ROCHEFORT.

Nous n'ajouterons rien à la description qu'on vient de lire, si ce n'est qu'à côté des tableaux si bien appréciés par M. Rochefort se trouvent deux petites œuvres très-fines de l'école italienne, une miniature de Jacopo Ligozza & une Sainte Famille *de Carle Maratte, qui méritent à juste titre de fixer l'attention des amateurs.*

ÉMILE BARRE.

TABLEAUX ANCIENS

BOTH (Jean)

1. — Site montagneux.

Dans un paysage dont la vue est bornée d'un côté
par une montagne, on aperçoit, au milieu d'un chemin
creusé dans le roc & éclairé par un soleil levant, un
paysan monté sur un âne & conduisant un troupeau
de chèvres. Au premier plan & près de la route, un
bouquet d'arbres au feuillage léger & diverses plantes
grimpantes & arbrisseaux ajoutent au côté pittoresque
de ce paysage. A droite, un cours d'eau & des monticules
se profilent dans un lointain des plus vaporeux.

Ce petit panneau, d'un ton & d'une conservation
superbes, provient de la collection Van Parys. de
Bruxélles.

Bois. — H. 0,30; l. 0,38.

BESCHEY (J.-F.)

2. — Le Repas des Dieux.

Près des ruines d'un ancien temple, & à l'ombre de grands arbres où voltigent des oiseaux au brillant plumage, les dieux & les déesses de l'Olympe sont réunis autour d'une table chargée de vases remplis de fruits de toute espèce. Des faunes & des nymphes sont occupés à les servir. Dans le fond à droite, les suivantes d'Europe enlacent de guirlandes de fleurs le taureau qui doit la ravir à leurs yeux. Au premier plan, des chiens au repos & des corbeilles de fruits posées sur l'herbe, où brillent toute sorte d'insectes & d'animaux.

OEuvre d'une précieuse exécution, portant signature de maître.

Bois. — H. 0.63; l. 0,92.

CUYP (A.)

3. — La Halte.

Près d'une masure des cavaliers sont arrêtés : l'un est occupé à reharnacher sa monture; l'autre, prêt à partir, attend tranquillement son compagnon. Près d'eux un chien.

Collection Dusart, de Malines.

Bois. — H. 0,20; l. 0,27.

FYT (JOANNES)

4. — Nature morte.

Sur un tertre & au pied d'un arbre au tronc noueux, sont jetées pêle-mêle un grand nombre de pièces de gibier, telles que cailles & perdreaux. Divers accessoires de chasse que garde un chien ajoutent à l'intérêt de ce tableau, que son admirable ton & le charme de sa composition mettent au nombre des meilleures productions du maître.

Collection Herry, d'Anvers.

Toile. — H. 0,58; l. 0,83.

VAN DER FAES

(Dit le chevalier Lély)

5. — Portrait de jeune Femme en buste.

Elle est représentée de profil, les yeux baissés, & les cheveux ornés de perles & de feuillages. Une guimpe semée de quelques rubans bleus lui couvre les épaules. Elle porte au cou un collier de perles.

Toile. — H. 0.45 ; l. 0,37.

GRYF (A.)

6. · Nature morte.

Coq & oiseaux au brillant plumage suspendus à une branche d'arbre posée sur une pierre de style architectural ; à terre sont posées diverses pièces de gibier que garde un chien placé au second plan.

Toile. — H. 0,67 : l. 0,83.

HEUSCH (Guillaume de)

7.   Paysage avec Chute d'eau.

A droite, une entrée de forêt d'où s'échappe un cours d'eau qui retombe en cascades à travers des rochers. Au milieu une route que traverse une jeune fille, & un enfant gardant un troupeau de chèvres. Dans le fond des paysans & cavaliers & quelques habitations rustiques au pied des montagnes, dont la silhouette se perd dans un horizon lointain.

Ce tableau, d'un coloris & d'un charme exquis, provient de la collection Lombard, de Liége.

Bois. — H. 0,21 ; l. 0,28.

HOLBEIN (Hans, le jeune)

8. Portrait de Marie de Lorraine, veuve
de Jacques V, roi d'Écosse, & mère
de Marie Stuart.

Elle est représentée a mi-corps, coiffée d'une cornette blanche. Sur le corsage de sa robe garnie de fourrure sont brodés le chardon fleuri d'Écosse & une couronne· sa taille est entourée d'une chaîne d'or. La figure se détache sur un fond de paysage où l'on voit la chasse de saint Hubert, au moment où le duc. depuis évêque de Maestricht, est agenouillé devant le cerf qui porte le crucifix. C'est une allusion à la maison de Lorraine qui descendait de ce prince. Le vieux château d'Édimbourg, bâti par Marie de Lorraine, a ses murs ornés de ces têtes de cerf en crucifix.

LIGOZZA (Jacopo)

9. - Ecce Homo.

Miniature sur argent d'une précieuse exécution, &
portant la signature de l'artiste, élève de P. Véronèse.
Bordure Louis XIII en argent doré & repoussé.

MARATTE (Carle)

10. - La Vierge, Jésus & saint Jean.

La Vierge tient dans ses bras l'enfant Jésus, qui
donne la main au petit saint Jean.

Très-gracieuse peinture sur cuivre.

MIERIS (F.)

11. - Portrait de l'Artiste.

Il est représenté tête nue, les cheveux tombant; un
manteau d'étoffe brune à reflets rouges lui couvre les
épaules; il tient à la main une baguette de peintre.

MONPER

1 2. — Site agreste.

Au milieu de rochers & de broussailles, sur une route ornée de grands arbres, un chasseur demande son chemin à un paysan assis sur une pierre. Près de là, un autre chasseur s'apprête à tirer une pièce de gibier.

Bois. — H. 0,48; l. 0,80.

MIREVELT

1 3. — Portrait de Dame de qualité.

Elle est vêtue d'un costume noir, & porte une collerette & une cornette blanche ornée de broderie. De la main droite elle tient un petit vase à parfums attaché à une chaîne qui lui enlace la taille, & de la main gauche une paire de gants brodés.

Bois. — H. 1,20; l. 0,90.

VAN DER NEER

14. — L'Aube du jour.

Dans un paysage de la Hollande, coule une rivière dont les yeux suivent le cours jusqu'à l'horizon lointain. Sur une des rives qui forme le premier plan, on voit des troncs d'arbres abattus & le poteau auquel sont appendues les nasses; l'animation y règne déjà malgré l'heure peu avancée du jour; des pêcheurs préparent leurs filets, des canards fouillent l'herbe, d'autres sont déjà à l'eau.

Sur la rive opposée sont amarrées des barques, voiles hissées, & au delà, entre des arbres au feuillage fièrement découpé, on aperçoit les toits des maisons & la flèche d'un clocher. Le ciel roule de gros nuages gris & tout le paysage est encore plongé dans une vapeur matinale.

Cette toile, une des plus importantes & des mieux réussies de l'artiste, porte sa signature à droite.

T. — H. 0,66; l. 0,95.

REMBRANDT (Van Ryn)

15. — Portrait d'un Savant.

Il est représenté à mi-corps, portant une barbe grise, & assis dans son cabinet de travail, près d'une table recouverte d'un tapis, où sont posés quelques manuscrits & une mappemonde. Il a la tête couverte d'un bonnet de fourrure entouré d'un turban, un manteau d'étoffe brune recouvre ses épaules; les yeux baissés & les mains tenant ses besicles appuyées sur une liasse de manuscrits, il semble plongé dans la plus profonde méditation.

ŒUvre d'une superbe harmonie & de la belle qualité du maître.

Collection de Caters, d'Anvers.

REMBRANDT (Van Ryn)

16. — Portrait d'Homme.

Il est représenté en buste, la tête nue, & les traits
fortement caractérisés ; un vêtement brun d'étoffe gros-
sière recouvre ses épaules.

RUBENS (P.-P.)

17. — Chasse au Taureau sauvage.

Des cavaliers au costume oriental poursuivent &
combattent avec acharnement des taureaux, dont un
est déjà tombé sous leurs coups ; l'autre, au contraire,
se défend vigoureusement & a déjà renversé un des
cavaliers de sa monture. A gauche du tableau, & à l'état
d'esquisse, on voit un homme armé d'un glaive, & un
autre, tenant un morceau d'étoffe, se disposant à tenir
tête à la bête.

Cette superbe ébauche, d'un riche coloris, provient
de la collection Van Camp, d'Anvers.

Bois. — H. 0,42 ; l. 0,95.

RUYSDAEL (Jacques)

18. -- Environs de Groningue.

Paysage montagneux, avec chemin escarpé contournant un rocher, & éclairé par un reflet du soleil à demi caché sous de gros nuages gris. Un pâtre, conduisant un troupeau de chèvres & de moutons, descend cette route au milieu de laquelle on aperçoit un bouquet d'arbres au feuillage léger. Au bas de la montagne, on voit un lac dont les eaux tranquilles reflètent comme un miroir la silhouette des arbres & celle de quelques maisons rustiques situées sur la rive opposée. Dans le lointain, des monticules se perdent dans le bleu de l'horizon.

Cette toile, une des plus capitales du maître, est empreinte de cette douce mélancolie & de cette poésie inimitable qui impriment un cachet tout particulier à ses œuvres. Les figures & animaux peints par Adrien Van de Velde affirment encore plus le mérite de cette œuvre hors ligne.

Ancienne collection Van Saeghem, de Gand.

Toile. — H. 0,85; l. 0,55.

STEEN (Jean)

19. — La Fête de la Madone.

Un groupe d'enfants se présente à la porte d'une
habitation de paysans & chante, tandis qu'une petite
fille, une couronne sur la tête, présente un vase pour
recueillir une offrande. Dans l'intérieur de la maison,
éclairé par la lumière du jour, une vieille femme
assise & un paysan, la main appuyée sur la porte basse
d'entrée, contemplent cette scène avec attention, pendant que leur enfant va porter son obole à la petite
quêteuse.

Tableau très-fin et d'un charmant coloris.

Bois. — H. 0,36; L. 0,28.

TENIERS (David)

20. — Corps de garde de Singes.

Divers groupes de singes grotesquement travestis en costume guerrier sont réunis autour de plusieurs tables & occupés les uns à jouer au trictrac, les autres aux cartes; d'autres dans le fond se chauffent près d'une grande cheminée. A droite le chef du poste, en houppelande rouge ornée de fourrures, vient, accompagné de quelques hallebardiers, reconnaître à la lueur des flambeaux un espion sous les traits d'un chat, que vient d'amener une ronde de nuit. Une lanterne attachée au plafond projette sa lumière sur cette curieuse scène, dont le premier plan est occupé par un escabeau supportant une chandelle allumée, des casques & tambours.

L'esprit & la finesse de la touche brillent partout dans cette amusante peinture.

Bois. — H. 0,42; l. 0,55.

TENIERS (DAVID)

21. — La Bonne Aventure.

Dans un paysage des plus sauvages & des plus
accidentés, plusieurs bohémiennes au visage ridé, les
unes assises, les autres debout, examinent avec attention l'effet produit par l'une d'elles qui s'est détachée
du groupe & est occupée à lire dans la main d'un paysan
crédule le passé, le présent & l'avenir.

Charmant panneau d'une peinture chaude & d'un
coloris digne du pinceau de Vélasquez.

Ancienne collection Van Saceghem, de Gand.

Bois. — H. 0,39; l. 0,54.

TENIERS (DAVID)

22. — Paysage, effet de soleil couchant.

Au premier plan, plusieurs paysans debout causent
au bord d'une route; un peu plus loin, un berger
garde un troupeau de moutons, & dans le lointain on
aperçoit un moulin & le clocher d'un village qui se
perd à l'horizon.

Bois. — H. 0,28; l. 0,38.

VAN DER VELDE (GUILLAUME)

23. — Mer houleuse.

Deux navires de guerre, toutes voiles déployées, cinglent vers le port; une barque vient pour leur servir de pilote. Dans le fond, on aperçoit quelques bateaux pêcheurs qui se dirigent vers un village bâti au bord de la mer.

Cette peinture, d'un gris argentin & d'une grande finesse de touche, est signée du monogramme du maître.

Bois. — H. 0,41; l. 0,49.

WOUVERMANS (PIERRE)

24. — La Halte.

Par une belle matinée de printemps des cavaliers ont fait arrêter leurs montures à la porte d'une hôtellerie, pour se désaltérer. Pendant que l'un d'eux est occupé à payer la servante, l'autre selle son cheval, et un troisième attend tranquillement, enveloppé dans son manteau, le moment du départ. Au premier plan, quelques oiseaux de basse-cour animent ce paysage, & dans le fond, on aperçoit quelques groupes de piétons & de cavaliers.

Ce petit tableau rappelle par sa finesse & son coloris les œuvres de Philippe Wouwermans.

Toile. — H. 0,24; l. 0,28.

WYNANTZ (JEAN)

25. — Environs de Scheveningue.

Charmant petit paysage avec cours d'eau au premier plan. A droite, des dunes ornées de quelques bouquets d'arbres au feuillage touffu, & où l'on voit assis une paysanne & son enfant. Dans le fond, quelques monticules au ton bleu se confondent avec l'horizon.

Petit panneau d'un éclat & d'une transparence de lumière incomparables.

Bois. — H. 0,26; l. 0,20.

WYNANTZ (JEAN)

26 — Le Départ pour la Chasse.

Paysage avec dunes, traversé par une route que suit un seigneur monté sur un cheval blanc; un autre personnage à pied s'apprête à tirer une pièce de gibier. A gauche, au premier plan, deux troncs d'arbres renversés. Dans le fond, quelques figures qui se perdent dans le lointain.

Ce tableau provient de la collection Lombard, de Liége.

Bois. — H. 0,25 ; l. 0,32.

PARIS. — J. CLAYE, IMPRIMEUR, 7, RUE SAINT-BENOIT. — [364]

9 782329 552330